学校 - école	2
旅行 - voyage	5
交通运输 - transport	8
城市 - ville	10
地形 - paysage	14
餐馆 - restaurant	17
超市 - supermarché	20
饮料 - boissons	22
食物 - alimentation	23
农场 - ferme	27
房子 - maison	31
客厅 - salon	33
厨房 - cuisine	35
浴室 - salle de bain	38
儿童房 - chambre d'enfant	42
衣服 - vêtements	44
办公室 - bureau	49
经济 - économie	51
职业 - professions	53
工具 - outils	56
乐器 - instruments de musique	57
动物园 - zoo	59
体育 - sports	62
活动 - activités	63
家 - famille	67
身体 - corps	68
医院 - hôpital	72
紧急情况 - urgence	76
地球 - terre	77
钟表 - ...heure(s)	79
周 - semaine	80
年 - année	81
形状 - formes	83
颜色 - couleurs	84
反义词 - oppositions	85
数字 - nombres	88
语言 - langues	90
谁/什么/怎样 - qui / quoi / comment	91
方位 - où	92

Impressum
Verlag: BABADADA GmbH, Nedderfeld 112 , 22529 Hamburg
Geschäftsführer / Verlagsleitung: Harald Hof
Druck: Books on Demand GmbH, In de Tarpen 42, 22848 Norderstedt

Imprint
Publisher: BABADADA GmbH, Nedderfeld 112 , 22529 Hamburg, Germany
Managing Director / Publishing direction: Harald Hof
Print: Books on Demand GmbH, In de Tarpen 42, 22848 Norderstedt

学校

école

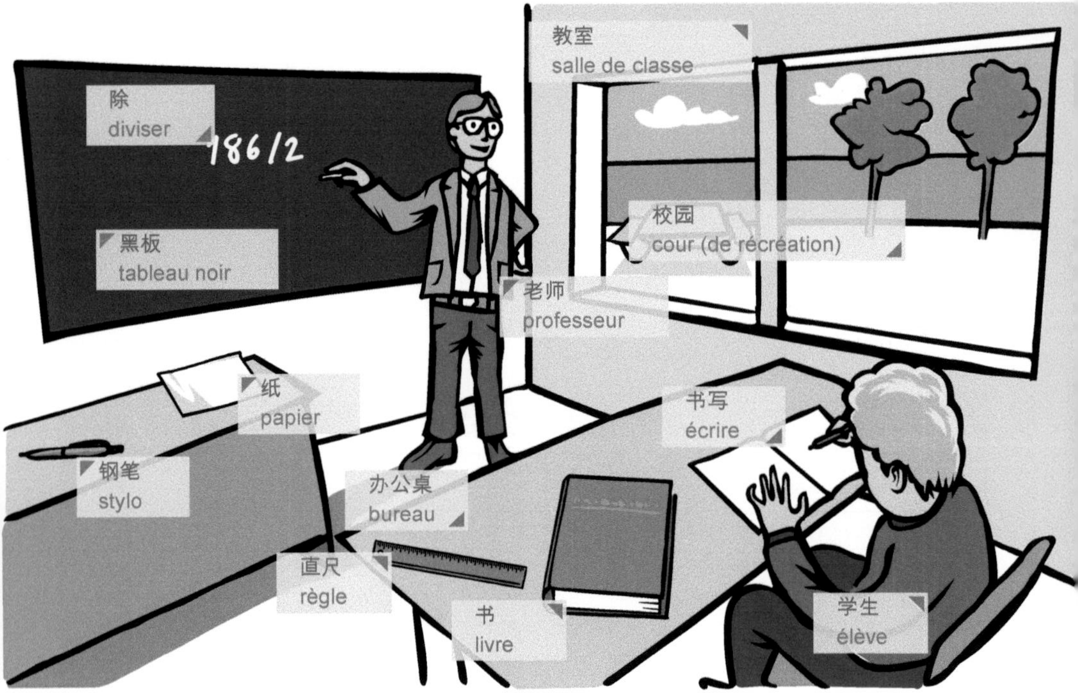
教室
salle de classe
除
diviser
186/2
黑板
tableau noir
校园
cour (de récréation)
老师
professeur
纸
papier
书写
écrire
钢笔
stylo
办公桌
bureau
直尺
règle
书
livre
学生
élève

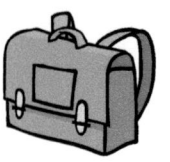

书包

cartable

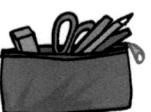

铅笔盒

trousse

铅笔

crayon

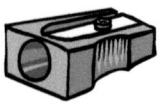

卷笔刀

taille-crayon

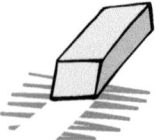

橡皮擦

gomme

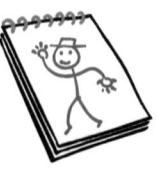

画板

carnet à dessin

图画

dessin

画笔

pinceau

颜料盒

boîte de peinture

剪刀

ciseaux

胶水

colle

练习册

cahier d'exercices

家庭作业

devoirs

数字

chiffre

加

additionner

减

soustraire

乘

multiplier

计算

calculer

字母

lettre

字母表

alphabet

字

mot

课文

texte

读

lire

粉笔

craie

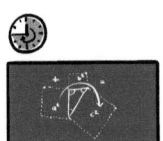

上课

leçon

登记

livre de classe

考试

examen

证书

certificat

校服

uniforme scolaire

教育

formation

百科全书

lexique

大学

université

显微镜

microscope

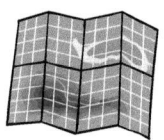

地图

carte

废纸筐

corbeille à papier

旅行

voyage

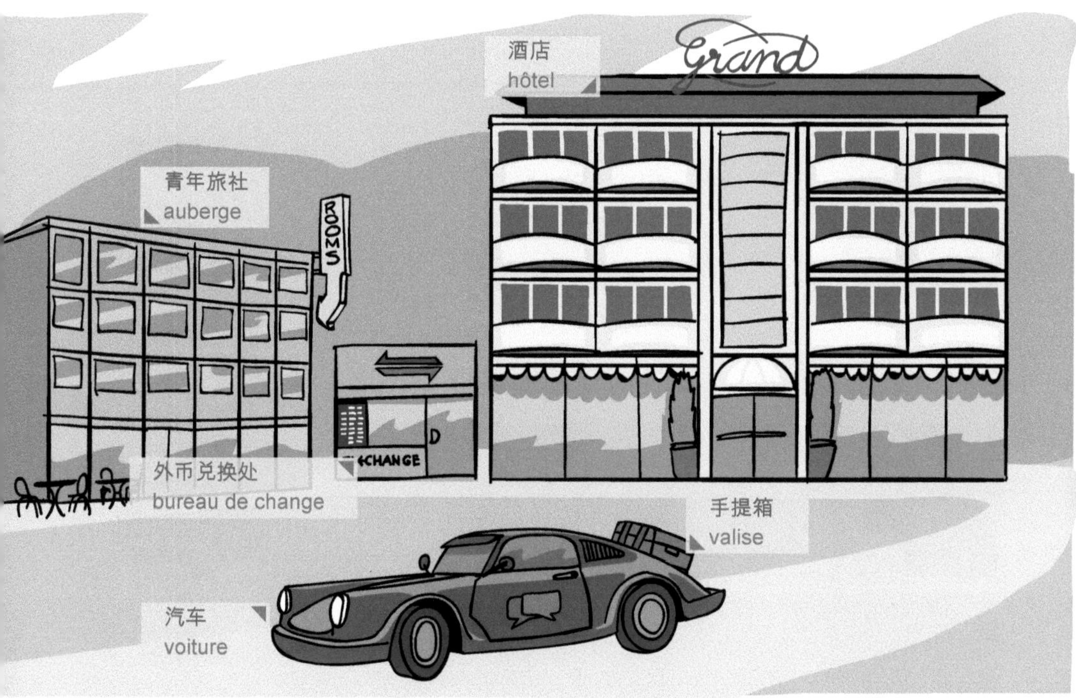

Grand
酒店
hôtel
青年旅社
auberge
ROOMS
外币兑换处
bureau de change
CHANGE
手提箱
valise
汽车
voiture

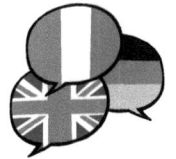

语言

langue

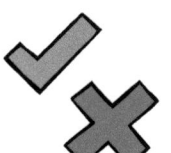

是/否

oui / non

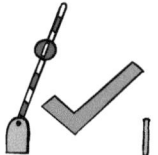

好的

d'accord

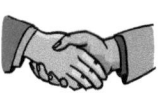

您好

Salut

翻译员

interprète

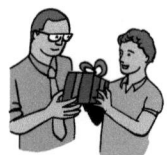

谢谢

merci

......多少钱？

Combien coûte...?

我不明白

Je ne comprends pas

问题

problème

晚上好！

Bonsoir !

早上好！

Bonjour !

晚安！

Bonne nuit !

再见

Au revoir

方向

direction

行李

bagages

包

sac

双肩包

sac-à-dos

客人

hôte

房间

pièce

睡袋

sac de couchage

帐篷

tente

旅游信息
office de tourisme

海滩
plage

信用卡
carte de crédit

早餐
petit-déjeuner

午餐
déjeuner

晚餐
dîner

票
billet

电梯
ascenseur

邮票
timbre

边界
frontière

海关
douane

大使馆
ambassade

签证
visa

护照
passeport

交通运输

transport

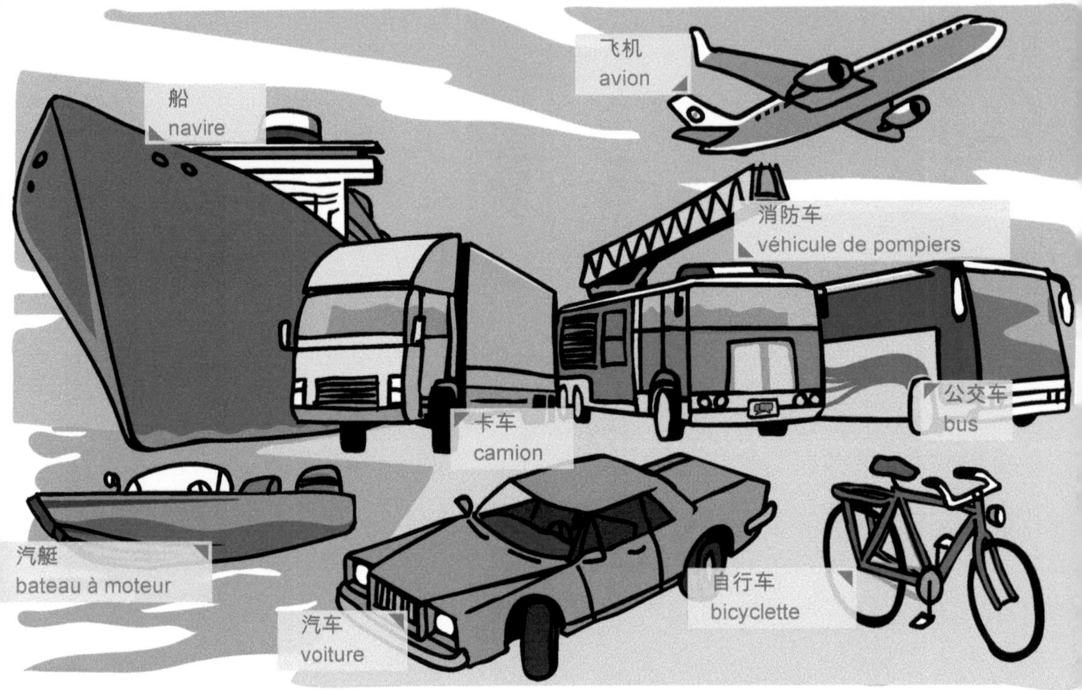
飞机
avion
船
navire
消防车
véhicule de pompiers
公交车
bus
卡车
camion
汽艇
bateau à moteur
自行车
bicyclette
汽车
voiture

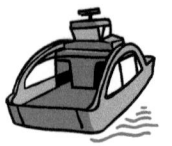

摆渡船

ferry

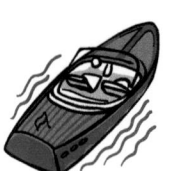

小船

barque

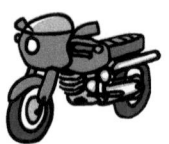

摩托车

moto

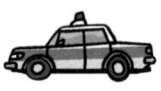

警车

voiture de police

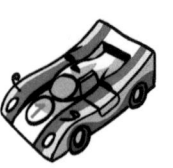

赛车

voiture de course

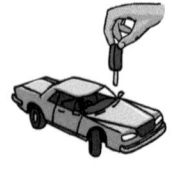

租车

voiture de location

拼车

auto-partage

拖车

voiture de remorquage

垃圾车

benne à ordures

发动机

moteur

汽油

essence

加油站

station d'essence

交通标志

panneau indicateur

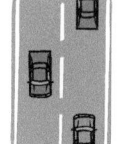

交通

trafic

交通堵塞

embouteillage

停车场

parking

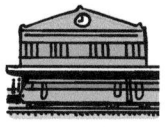

火车站

gare

轨道

rails

火车

train

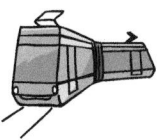

电车

tramway

货车

wagon

直升机
hélicoptère

机场
aéroport

塔
tour

乘客
passager

集装箱
conteneur

纸板箱
carton

手推车
chariot

篮子
corbeille

起飞/降落
décoller / atterrir

城市
ville

村庄
village

市中心
centre-ville

房子
maison

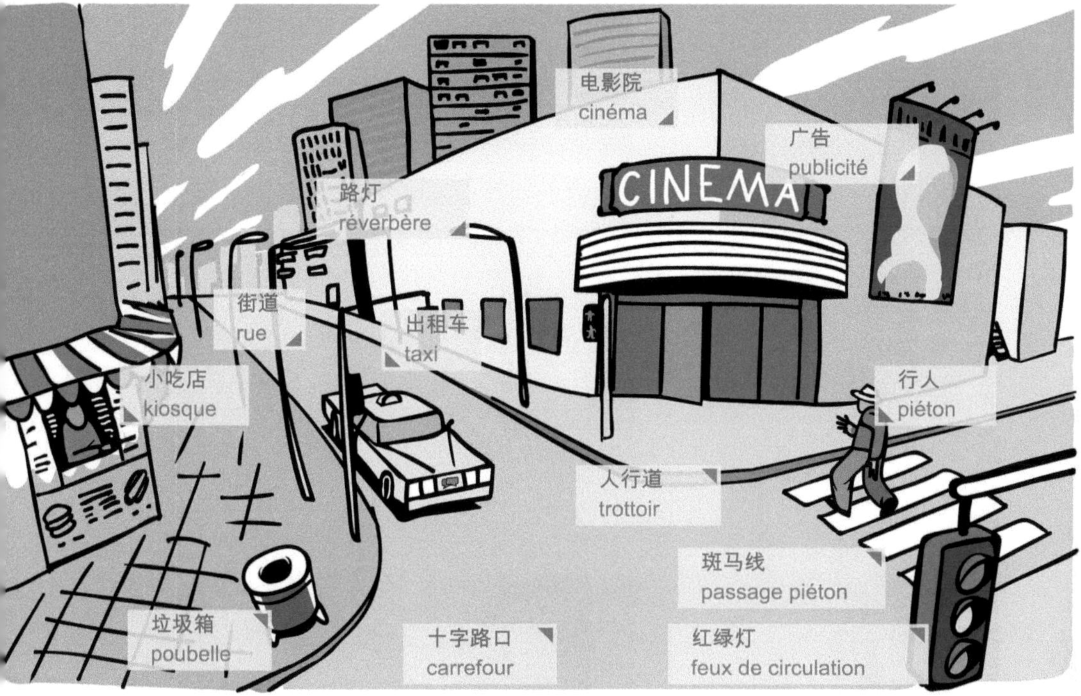
电影院
cinéma
广告
publicité
CINEMA
路灯
réverbère
街道
rue
出租车
taxi
小吃店
kiosque
行人
piéton
人行道
trottoir
斑马线
passage piéton
垃圾箱
poubelle
十字路口
carrefour
红绿灯
feux de circulation

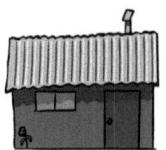

小屋

cabane

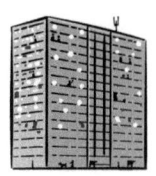

公寓

appartement

火车站

gare

市政厅

mairie

MUSEUM

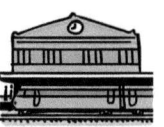

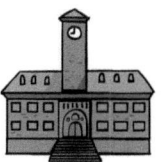

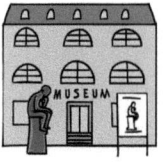

博物馆

musée

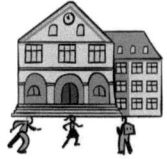

学校

école

大学

université

银行

banque

医院

hôpital

酒店

hôtel

药房

pharmacie

办公室

bureau

书店

librairie

商店

magasin

花店

fleuriste

超市

supermarché

市场

marché

百货商店

grand magasin

鱼店

poissonnerie

购物中心

centre commercial

海港

port

城市 - ville

公园

parc

长凳

banque

桥

pont

楼梯

escaliers

地铁

métro

隧道

tunnel

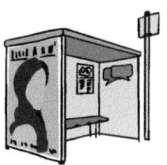

公交车站

arrêt de bus

酒吧

bar

餐馆

restaurant

邮筒

boîte à lettres

路标

panneau indicateur

停车计时器

parcmètre

动物园

zoo

游泳馆

piscine

清真寺

mosquée

农场

ferme

污染

pollution

墓地

cimetière

教堂

église

操场

aire de jeux

寺庙

temple

地形

paysage

树叶
feuille

指示牌
panneau indicateur

路
chemin

草地
pré

石头
pierre

树
arbre

徒步旅行者
randonneur

河
rivière

草
herbe

花
fleur

峡谷

vallée

山

montagne

湖

lac

森林

forêt

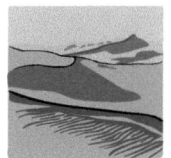

沙漠

désert

火山

volcan

城堡

château

彩虹

arc-en-ciel

蘑菇

champignon

棕榈树

palmier

蚊子

moustique

苍蝇

mouche

蚂蚁

fourmis

蜜蜂

abeille

蜘蛛

araignée

甲虫

coléoptère

青蛙

grenouille

松鼠

écureuil

刺猬

hérisson

野兔

lièvre

猫头鹰

chouette

鸟

oiseau

天鹅

cygne

野猪

sanglier

鹿

cerf

麋鹿

élan

水坝

barrage

风力发电机

éolienne

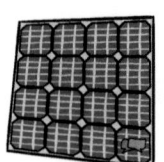

太阳能电池板

panneau solaire

气候

climat

服务员
serveur

菜单
menu

椅子
chaise

披萨饼
pizza

汤
soupe

桌布
nappe

餐具
couverts

前菜

hors d'œuvre

主菜

plat principal

甜点

dessert

饮料

boissons

食物

alimentation

瓶子

bouteille

快餐

fast-food

街边小吃

plats à emporter

茶壶

théière

糖盒

sucrier

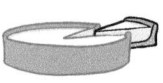

一份饭菜

portion

意式咖啡机

machine à expresso

高脚椅

chaise haute

账单

facture

托盘

plateau

刀

couteau

餐叉

fourchette

勺子

cuillère

茶匙

cuillère à thé

餐巾

serviette

玻璃杯

verre

餐馆 - restaurant

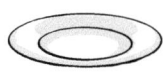

碟子

assiette

汤盘

assiette à soupe

碟子

soucoupe

酱

sauce

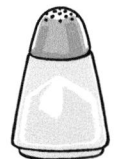

盐瓶

salière

胡椒磨

moulin à poivre

醋

vinaigre

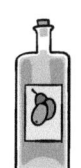

食用油

huile

调味料

épices

番茄酱

ketchup

芥末

moutarde

蛋黄酱

mayonnaise

超市

supermarché

特价
offre promotionnelle
FOR
顾客
client
乳制品
produits laitiers
水果
fruits
购物车
chariot

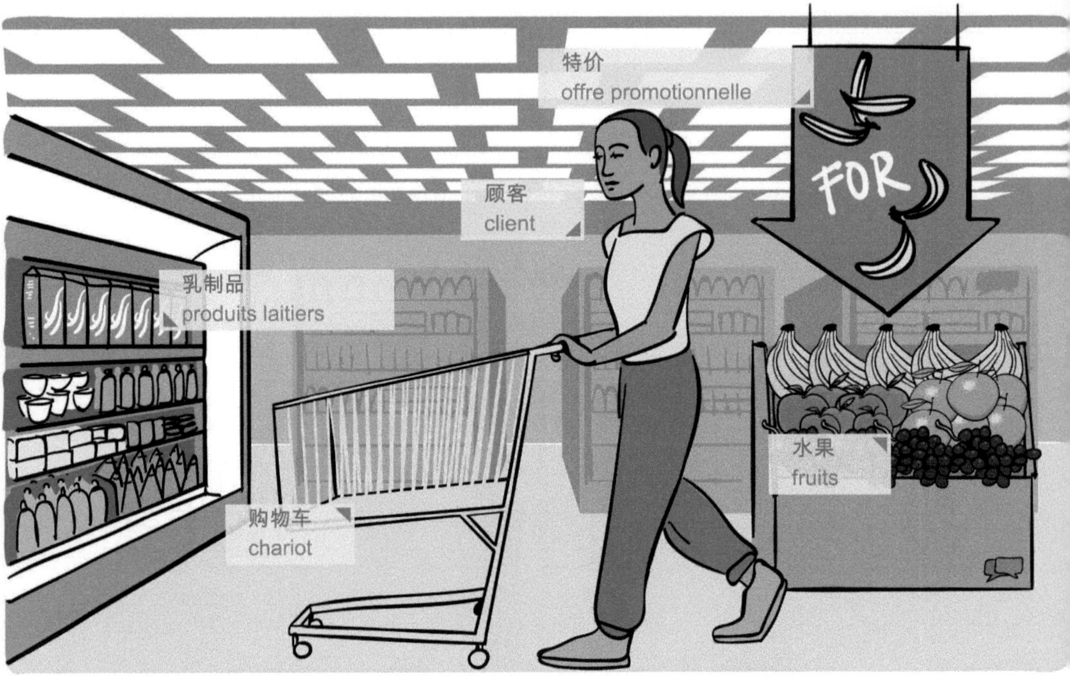

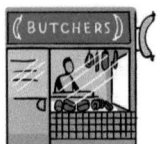

BUTCHERS

肉铺

boucherie

BAKERY

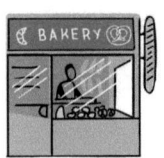

面包房

boulangerie

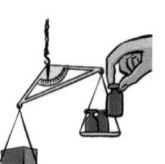

称重

peser

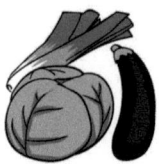

蔬菜

légumes

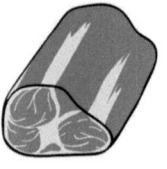

肉

viande

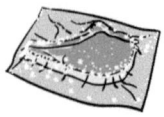

冷冻食品

aliments surgelés

冷盘

charcuterie

罐头食品

conserves

洗衣粉

poudre à lessive

甜食

bonbons

日用品

articles ménagers

清洁用品

détergents

销售员

vendeuse

收银机

caisse

收银员

caissier

购物清单

liste d'achats

开放时间

heures d'ouverture

钱包

portefeuille

信用卡

carte de crédit

袋子

sac

塑料袋

sac en plastique

水

eau

果汁

jus de fruit

牛奶

lait

可乐

coca

红酒

vin

啤酒

bière

酒

alcool

可可

chocolat chaud

茶

thé

咖啡

café

意式浓缩咖啡

expresso

卡布奇诺

cappuccino

香蕉

banane

苹果

pomme

橙子

orange

西瓜

melon

柠檬

citron

胡萝卜

carotte

大蒜

ail

竹子

bambou

洋葱

oignon

蘑菇

champignon

坚果

noisettes

面条

pâtes

意大利面条

spaghetti

米饭

riz

沙拉

salade

薯条

pommes frites

炸土豆

pommes de terre rôties

披萨饼

pizza

汉堡包

hamburger

三明治

sandwich

炸猪排

escalope

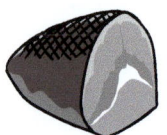

火腿

jambon

萨拉米

salami

香肠

saucisse

鸡肉

poulet

烤肉

rôti

鱼

poisson

燕麦片

flocons d'avoine

穆兹利

muesli

玉米片

cornflakes

面粉

farine

羊角面包

croissant

面包卷

petits-pains

面包

pain

烤面包

pain grillé

饼干

biscuits

黄油

beurre

凝乳

le fromage blanc

蛋糕

gâteau

蛋

œuf

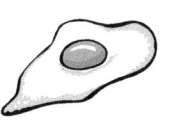

煎蛋

œuf au plat

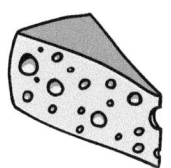

奶酪

fromage

冰激凌

glace

糖

sucre

蜂蜜

miel

果酱

confiture

巧克力酱

crème nougat

咖喱饭

curry

农场

ferme

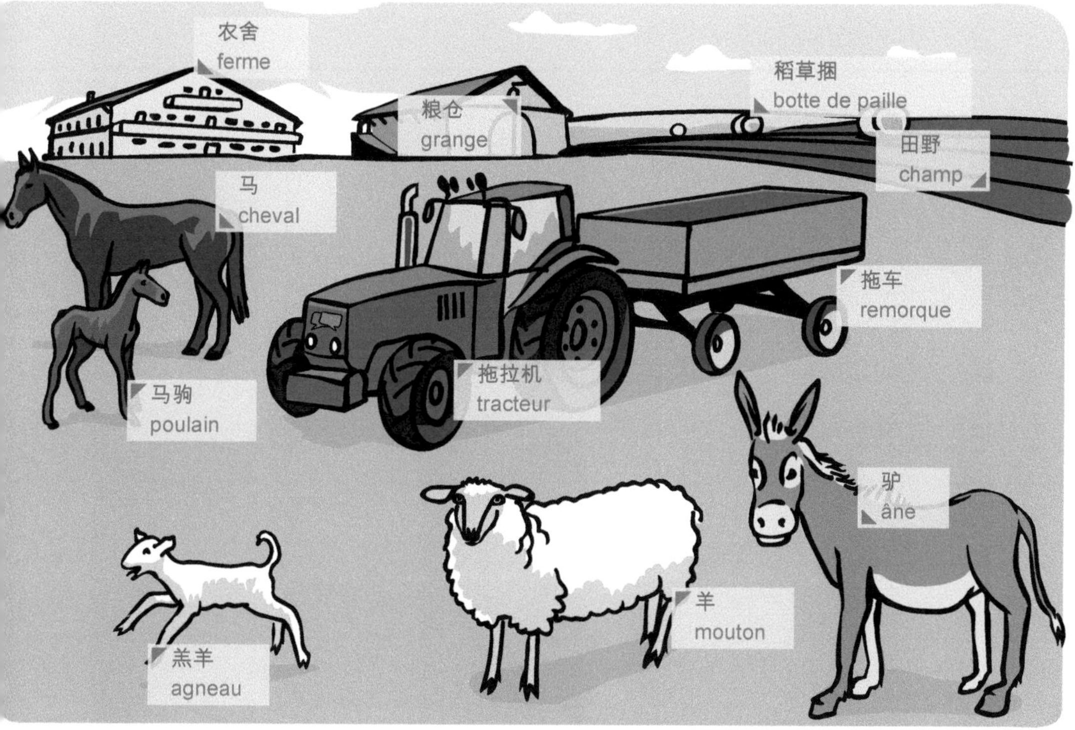

农舍
ferme
粮仓
grange
稻草捆
botte de paille
田野
champ
马
cheval
拖车
remorque
拖拉机
tracteur
马驹
poulain
驴
âne
羊
mouton
羔羊
agneau

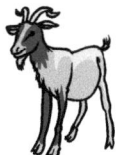

山羊

chèvre

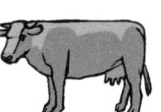

奶牛

vache

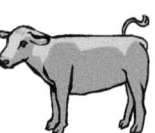

牛犊

veau

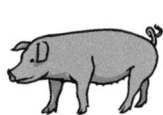

猪

porc

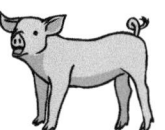

小猪

porcelet

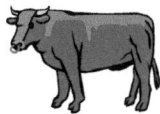

公牛

taureau

鹅

oie

鸭

canard

小鸡

poussin

母鸡

poule

公鸡

coq

鼠

rat

猫

chat

老鼠

souris

牛

bœuf

狗

chien

狗屋

chenil

花园浇水软管

tuyau de jardin

洒水壶

arrosoir

长柄大镰刀

faucheuse

犁

charrue

镰刀

faucille

锄头

pioche

长柄草耙

fourche

斧头

hache

独轮手推车

brouette

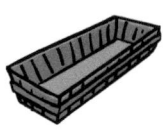

饲料槽

cuve

牛奶罐

pot à lait

麻布袋

sac

栅栏

clôture

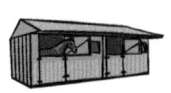

马厩

étable

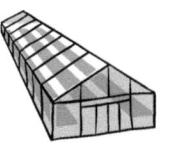

温室

serre

土壤

sol

种子

semences

肥料

engrais

联合收割机

moissonneuse-batteuse

农场 - ferme

收割

récolter

收割

récolte

山药

igname

小麦

blé

大豆

soja

土豆

pomme de terre

玉米

maïs

油菜籽

colza

果树

arbre fruitier

树薯

manioc

谷物

céréales

房子

maison

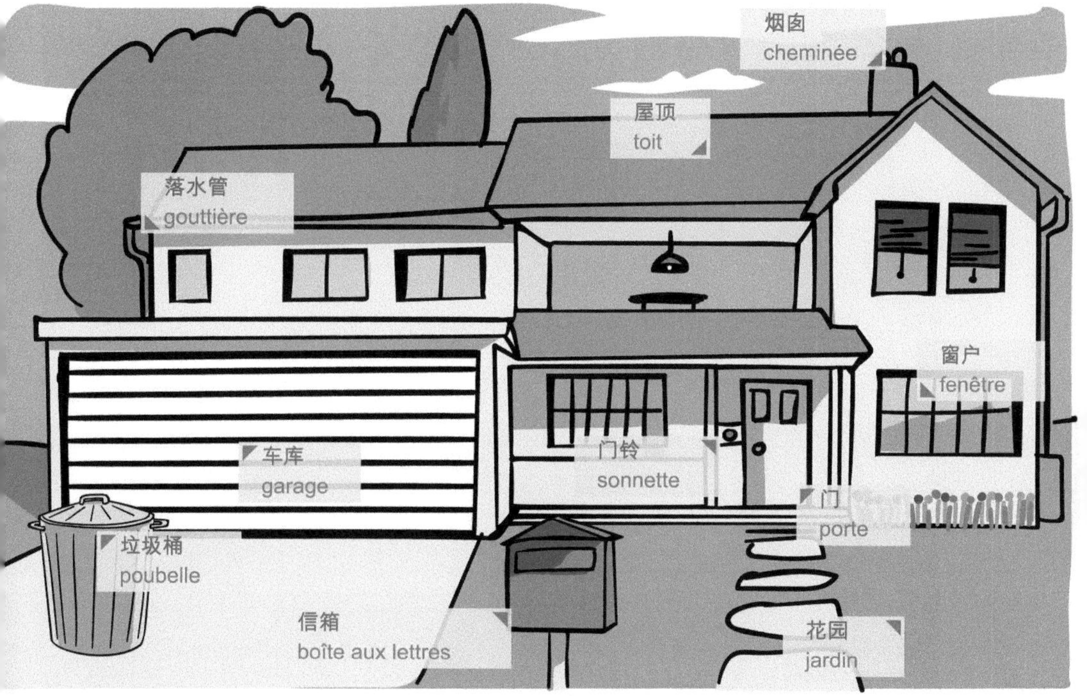

烟囱
cheminée
屋顶
toit
落水管
gouttière
窗户
fenêtre
车库
garage
门铃
sonnette
门
porte
垃圾桶
poubelle
信箱
boîte aux lettres
花园
jardin

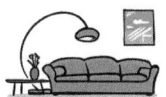

客厅

salon

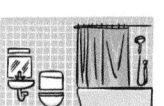

浴室

salle de bain

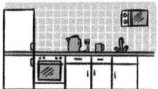

厨房

cuisine

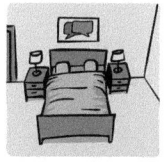

卧室

chambre à coucher

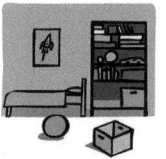

儿童房

chambre d'enfant

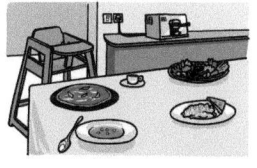

餐厅

salle à manger

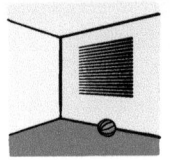

地板
sol

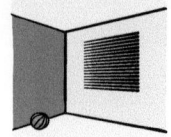

墙壁
mur

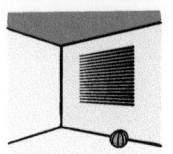

吊顶
plafond

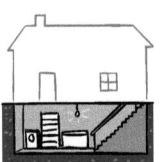

地窖
cave

桑拿
sauna

阳台
balcon

露台
terrasse

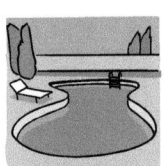

游泳池
piscine

割草机
tondeuse à gazon

被单
housse

床罩
couette

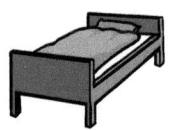

床
lit

扫帚
balai

水桶
sceau

开关
interrupteur

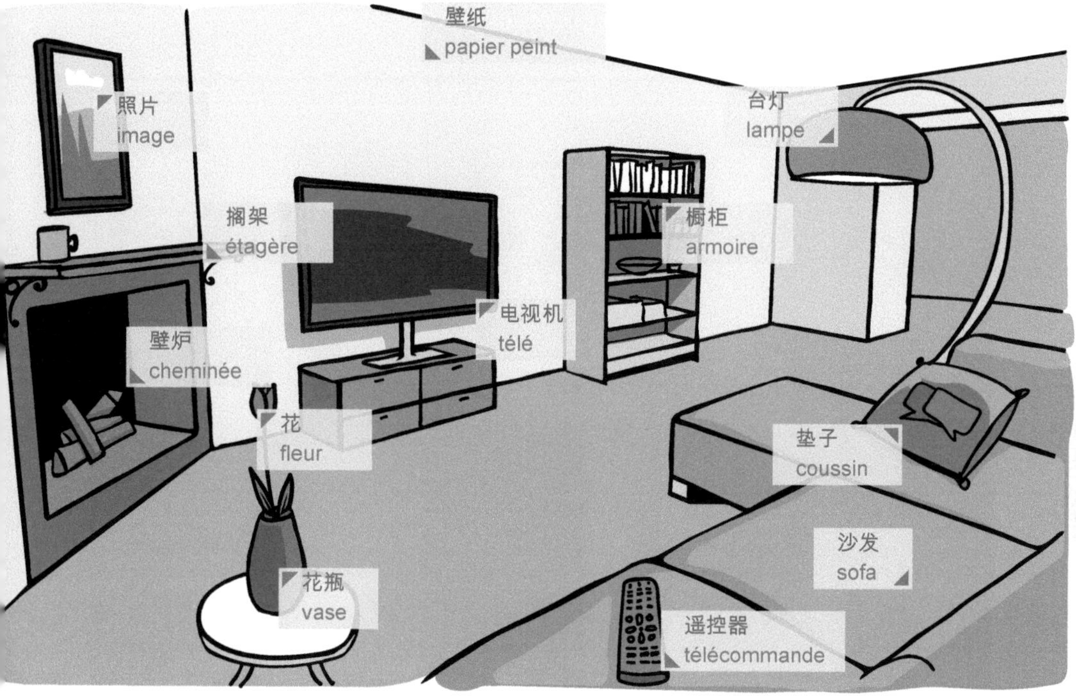

壁纸
▶ papier peint

照片
image

台灯
lampe

搁架
étagère

橱柜
armoire

电视机
télé

壁炉
cheminée

花
fleur

垫子
coussin

花瓶
vase

沙发
sofa

遥控器
▶ télécommande

地毯
tapis

窗帘
rideau

餐桌
table

椅子
chaise

摇椅
chaise à bascule

扶手椅
fauteuil

书

livre

毯子

couverture

装饰品

décoration

木柴

bois de chauffage

电影

film

高保真音响

chaîne hi-fi

钥匙

clé

报纸

journal

油画

peinture

海报

poster

收音机

radio

笔记本

bloc-notes

吸尘器

aspirateur

仙人掌

cactus

蜡烛

bougie

厨房
cuisine

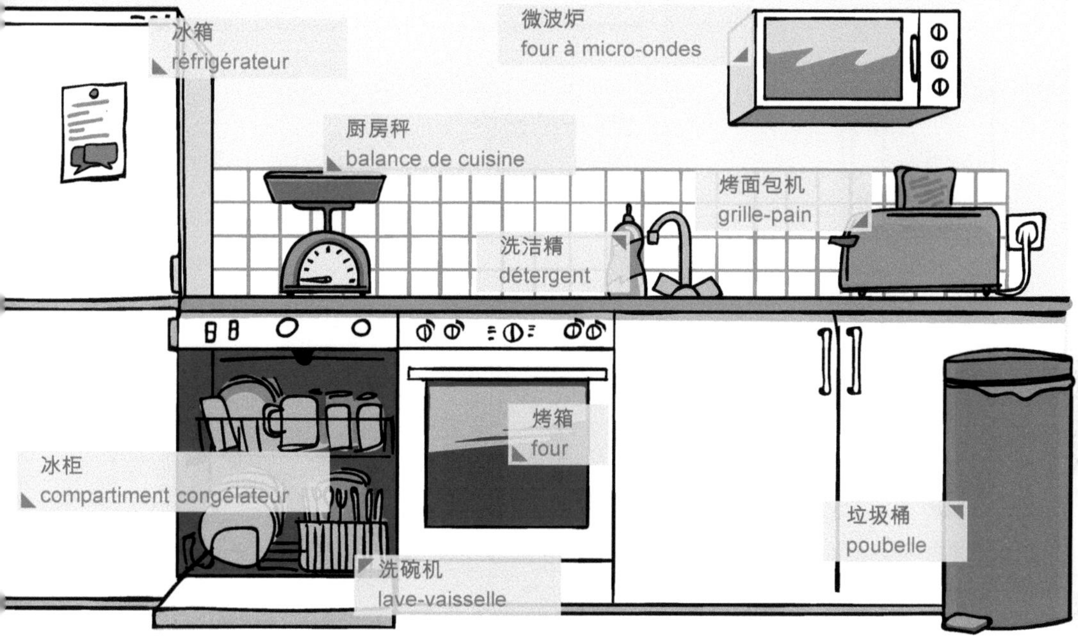
冰箱
réfrigérateur
微波炉
four à micro-ondes
厨房秤
balance de cuisine
烤面包机
grille-pain
洗洁精
détergent
烤箱
four
冰柜
compartiment congélateur
垃圾桶
poubelle
洗碗机
lave-vaisselle

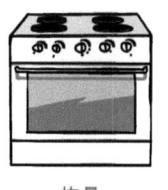

炊具

four

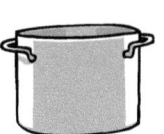

锅

casserole

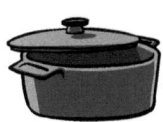

铸铁锅

marmite

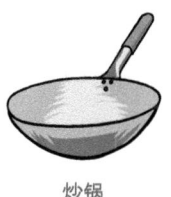

炒锅

wok / kadai

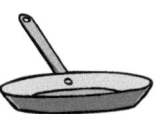

平底锅

poêle

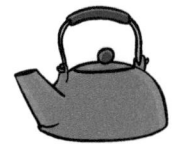

水壶

bouilloire electrique

蒸锅

cuiseur vapeur

烤盘

plaque de cuisson

陶瓷锅

vaisselle

马克杯

gobelet

碗

coupe

筷子

baguettes

长柄勺

louche

铲子

spatule

搅拌器

fouet

滤网

passoire

筛子

tamis

磨碎机

râpe

研钵

mortier

烧烤

barbecue

明火

cheminée

菜板

planche à découper

擀面杖

rouleau à pâtisserie

开瓶器

tire-bouchon

罐子

boîte

开罐器

ouvre-boîte

隔热手套

maniques

水槽

lavabo

刷子

brosse

海绵

éponge

搅拌机

mixeur

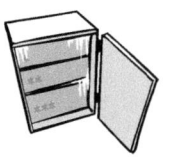

冷藏箱

congélateur

奶瓶

biberon

水龙头

robinet

浴室

salle de bain

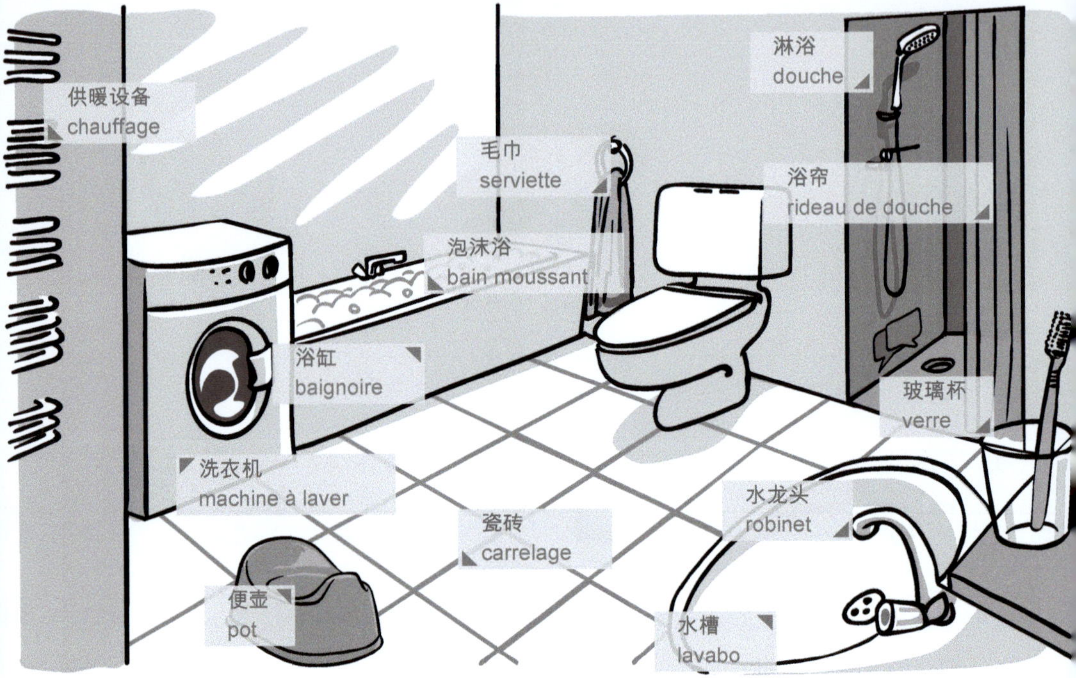

淋浴
douche
供暖设备
chauffage
毛巾
serviette
浴帘
rideau de douche
泡沫浴
bain moussant
浴缸
baignoire
玻璃杯
verre
洗衣机
machine à laver
水龙头
robinet
瓷砖
carrelage
便壶
pot
水槽
lavabo

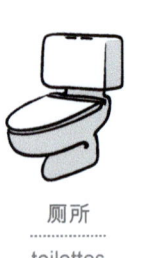

厕所

toilettes

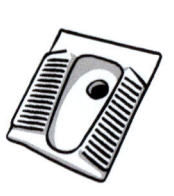

蹲便器

toilette à la turque

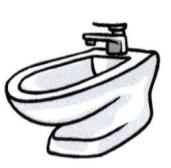

坐浴器

bidet

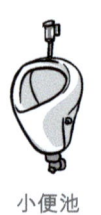

小便池

urinoir

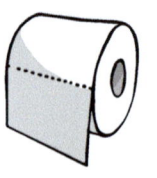

厕纸

papier toilette

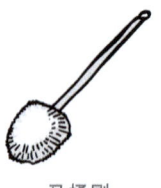

马桶刷

brosse à toilette

牙刷
brosse à dents

牙膏
dentifrice

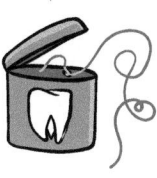

牙线
fil dentaire

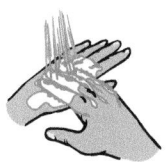

洗
laver

手持式喷淋头
douche manuelle

冲洗器
douche intime

洗脸盆
vasque

擦背刷
brosse dorsale

肥皂
savon

沐浴露
gel douche

洗发水
shampooing

法兰绒
gant de toilette

排水
écoulement

乳霜
crème

除臭剂
déodorant

浴室 - salle de bain   39

镜子

miroir

手镜

miroir cosmétique

剃须刀

rasoir

剃须泡沫

mousse à raser

须后水

après-rasage

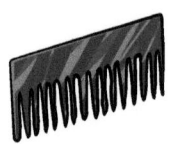

梳子

peigne

刷子

brosse

吹风机

sèche-cheveux

喷发定型剂

laque pour cheveux

化妆品

fond de teint

唇膏

rouge à lèvres

指甲油

vernis à ongles

化妆棉

ouate

指甲剪

coupe-ongles

香水

parfum

洗漱包

trousse de toilette

凳子

tabouret

计重秤

pèse-personne

浴袍

peignoir

橡胶手套

gants de nettoyage

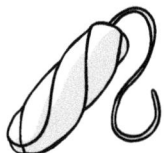

卫生棉条

tampon

卫生巾

serviettes hygiéniques

化学厕所

toilette chimique

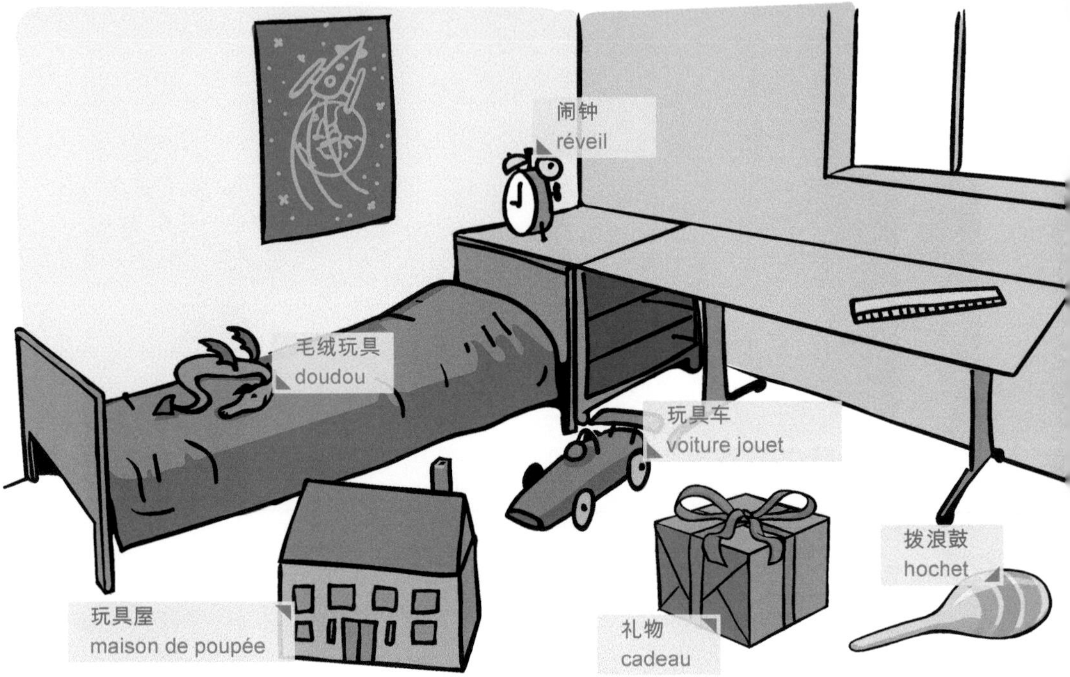

闹钟
réveil

毛绒玩具
doudou

玩具车
voiture jouet

拨浪鼓
hochet

玩具屋
maison de poupée

礼物
cadeau

气球
ballon

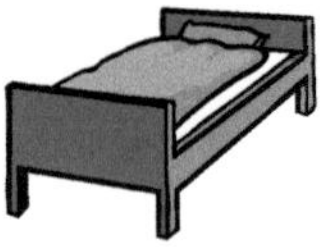

床
lit

（洋娃娃用）婴儿车
poussette

扑克牌
jeu de cartes

拼图
puzzle

漫画
bande dessinée

乐高积木

pièces lego

积木玩具

blocs de construction

玩具人

figurine

婴儿服

grenouillère

飞盘

frisbee

床铃玩具

mobile

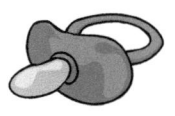

棋盘游戏

jeu de société

骰子

dé

火车模型

train miniature

安抚奶嘴

sucette

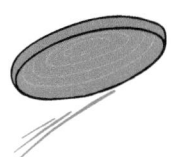

聚会

fête

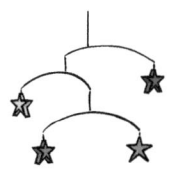

绘本

livre d'images

球

balle

洋娃娃

poupée

玩

jouer

儿童房 - chambre d'enfant

沙坑

bac à sable

秋千

balançoire

玩具

jouets

游戏机

console de jeu

三轮车

tricycle

泰迪熊

ours en peluche

衣柜

armoire

衣服
vêtements

袜子

chaussettes

长袜

bas

紧身裤

collant

围巾
écharpe

雨伞
parapluie

T恤
t-shirt

皮带
ceinture

靴子
bottes

拖鞋
pantoufles

运动鞋
baskets

凉鞋
sandales

鞋
chaussures

雨靴
bottes de caoutchouc

内裤
sous-vêtements

胸罩
soutien-gorge

背心
maillot de corps

衣服 - vêtements

身体
body

裤子
pantalon

牛仔裤
jean

短裙
jupe

女式衬衫
chemisier

衬衫
chemise

套头衫
pull

卫衣
sweat à capuche

西装夹克
veste

夹克
veste

外套
manteau

雨衣
imperméable

套装
costume

连衣裙
robe

婚纱
robe de mariée

西装

costume

睡袍

chemise de nuit

睡衣

pyjama

莎丽

sari

头巾

foulard

包头巾

turban

波卡

burqa

卡夫坦

caftan

(阿拉伯式)长袍

abaya

泳衣

maillot de bain

男式泳裤

maillot de bain

短裤

short

运动服

tenue d'entraînement

围裙

tablier

手套

gants

纽扣

bouton

眼镜

lunettes

手链

bracelet

项链

collier

戒指

bague

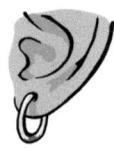

耳环

boucle d'oreille

便帽

bonnet

衣架

cintre

帽子

chapeau

领带

cravate

拉链

fermeture éclair

头盔

casque

背带

bretelles

校服

uniforme scolaire

制服

uniforme

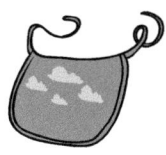

围兜

bavoir

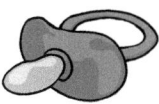

安抚奶嘴

sucette

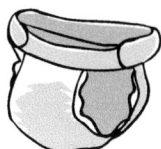

尿不湿

lange

办公室
bureau

服务器
serveur
文件柜
armoire d'archivage
打印机
imprimante
纸
papier
显示屏
écran
鼠标
souris
办公桌
bureau
文件夹
classeur
键盘
clavier
废纸篓
corbeille à papier
电脑
ordinateur
椅子
chaise

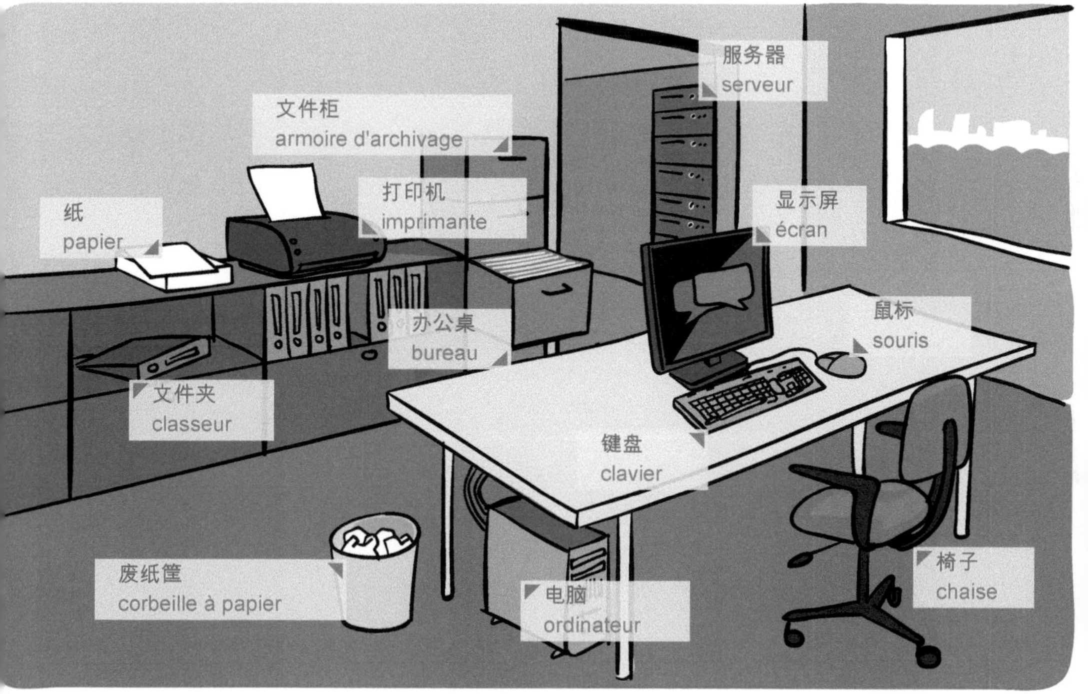

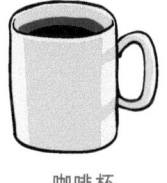

咖啡杯

tasse de café

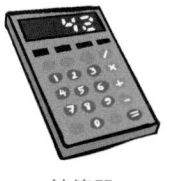

计算器

calculatrice

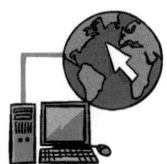

因特网

internet

笔记本电脑

ordinateur portable

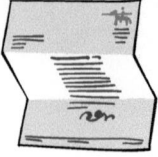

信件

lettre

消息

message

手机

portable

网络

réseau

复印机

photocopieuse

软件

logiciel

电话

téléphone

插座

prise

传真机

fax

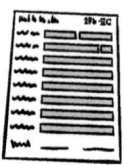

表格

formulaire

文件

document

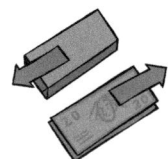

买

acheter

付钱

payer

交易

faire du commerce

现金

monnaie

美元

dollar

欧元

euro

日元

yen

卢布

rouble

瑞士法郎

franc suisse

人民币

renminbi yuan

卢比

roupie

提款处

distributeur automatique

外币兑换处

bureau de change

金

or

银

argent

石油

pétrole

能源

énergie

价格

prix

合同

contrat

税金

taxe

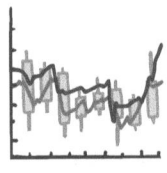

股票

action

工作

travailler

职员

employé

老板

employeur

工厂

usine

商店

magasin

职业
professions

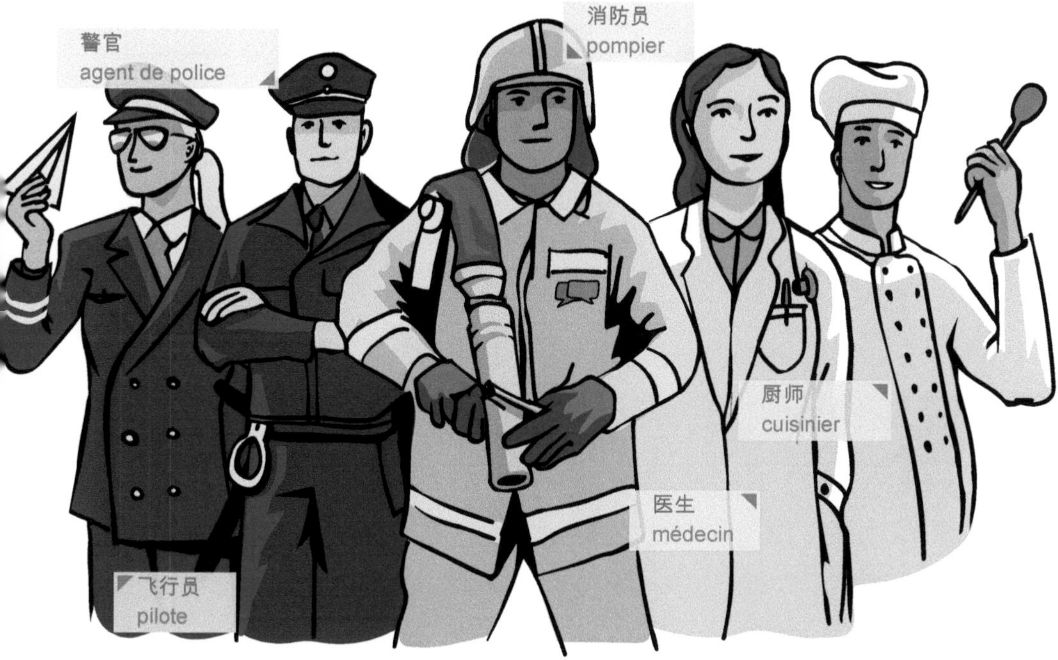
警官
agent de police
消防员
pompier
厨师
cuisinier
医生
médecin
飞行员
pilote

园丁

jardinier

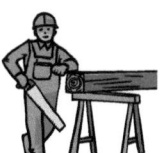

木匠

menuisier

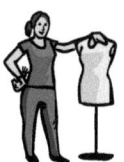

裁缝

couturière

法官

juge

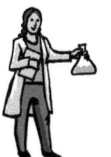

化学家

chimiste

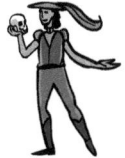

演员

acteur

公交车司机

conducteur de bus

出租车司机

chauffeur de taxi

渔夫

pêcheur

清洁女工

femme de ménage

屋顶工

couvreur

服务员

serveur

猎人

chasseur

画家

peintre

面包师

boulanger

电工

électricien

建筑工人

ouvrier

工程师

ingénieur

屠夫

boucher

水管工

plombier

邮递员

facteur

士兵

soldat

建筑师

architecte

收银员

caissier

花农

fleuriste

理发师

coiffeur

售票员

contrôleur

机械师

mécanicien

船长

capitaine

牙医

dentiste

科学家

scientifique

拉比

rabbin

伊玛目

imam

和尚

moine

牧师

prêtre

工具

outils

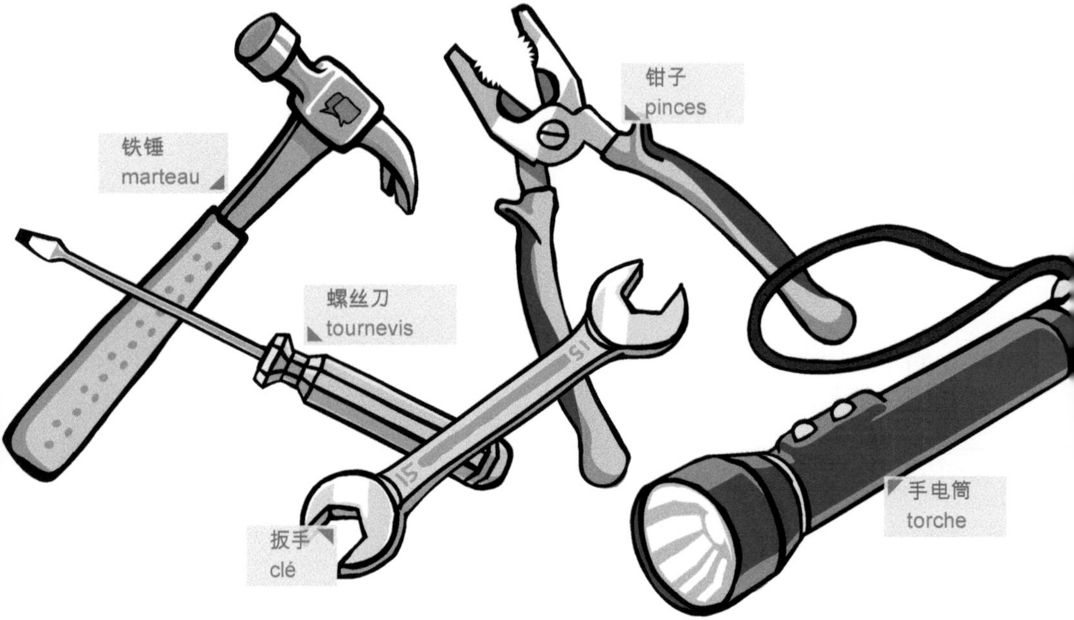

钳子
pinces
铁锤
marteau
螺丝刀
tournevis
手电筒
torche
扳手
clé

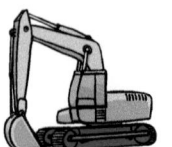

挖掘机

pelleteuse

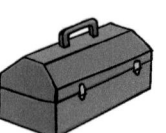

工具箱

boîte à outils

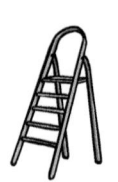

梯子

échelle

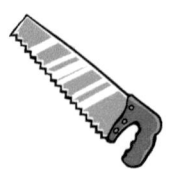

锯子

scie

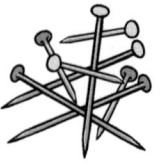

钉子

clous

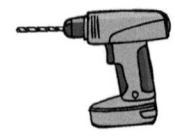

钻机

perceuse

修
......
réparer

铲子
......
pelle

靠！
......
Mince !

簸箕
......
pelle

油漆桶
......
pot de peinture

螺丝
......
vis

乐器

instruments de musique

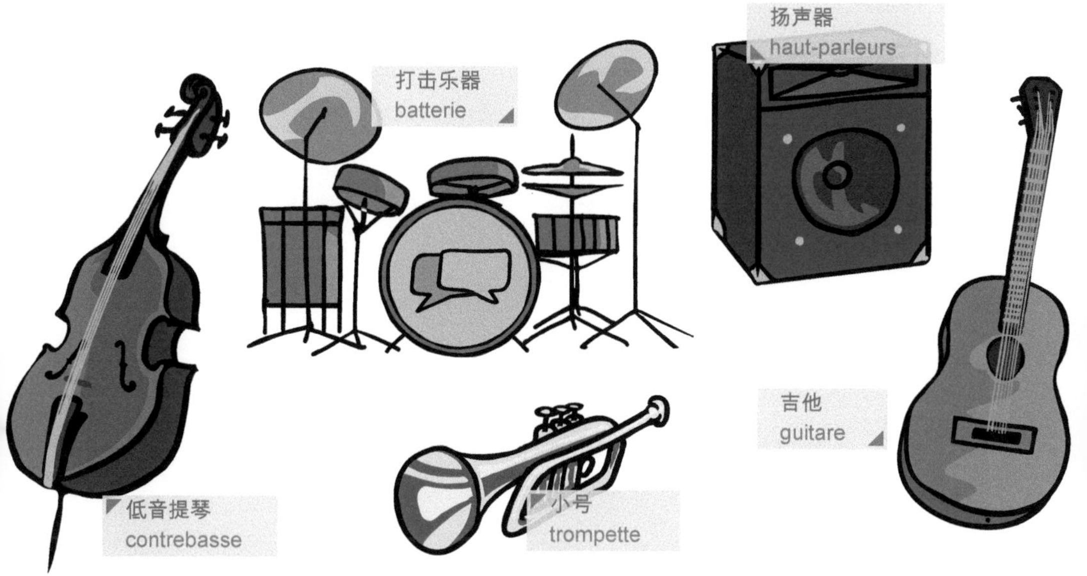

打击乐器
batterie ◢

扬声器
haut-parleurs

吉他
guitare ◢

▲ 低音提琴
contrebasse

小号
trompette

钢琴

piano

小提琴

violon

贝斯

basse

定音鼓

timbales

鼓

tambour

电子琴

piano électrique

萨克斯管

saxophone

长笛

flûte

麦克风

microphone

动物园

ZOO

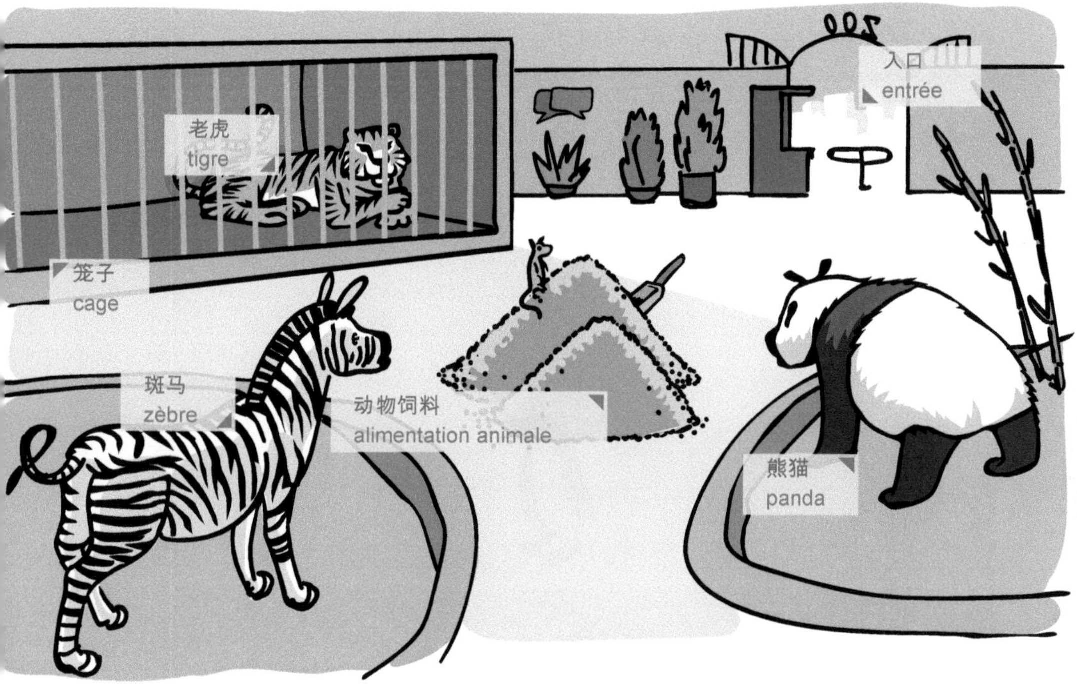

入口
entrée
老虎
tigre
笼子
cage
斑马
zèbre
动物饲料
alimentation animale
熊猫
panda

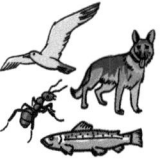

动物

animaux

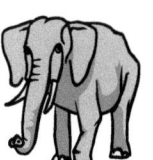

大象

éléphant

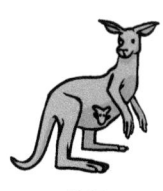

袋鼠

kangourou

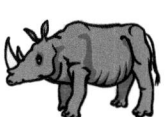

犀牛

rhinocéros

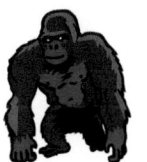

大猩猩

gorille

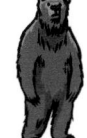

熊

ours

骆驼

chameau

鸵鸟

autruche

狮子

lion

猴子

singe

火烈鸟

flamand rose

鹦鹉

perroquet

北极熊

ours polaire

企鹅

pingouin

鲨鱼

requin

孔雀

paon

蛇

serpent

鳄鱼

crocodile

动物园管理员

gardien de zoo

海豹

phoque

美洲豹

jaguar

矮种马

poney

豹

léopard

河马

hippopotame

长颈鹿

girafe

老鹰

aigle

野猪

sanglier

鱼

poisson

龟

tortue

海象

morse

狐狸

renard

羚羊

gazelle

橄榄球
american Football

骑自行车
cyclisme

网球
tennis

篮球
basket-ball

游泳
natation

拳击
boxe

冰球
hockey sur glace

英式足球
football

羽毛球
badminton

田径
athlétisme

手球
handball

滑雪
ski

马球
polo

跳
sauter

拥抱
embrasser

笑
rire

走路
marcher

唱
chanter

做梦
rêver

祈祷
prier

亲吻
faire la bise

书写
écrire

画
dessiner

展示
montrer

推
pousser

给
donner

拿
prendre

有

avoir

做

faire

当

être

站

être debout

跑

courir

拉

trier

扔

jeter

摔倒

tomber

躺

être couché

等待

attendre

携带

porter

坐

être assis

穿衣

s'habiller

睡觉

dormir

醒来

se réveiller

看
regarder

哭
pleurer

抚摸
caresser

梳头
peigner

交谈
parler

明白
comprendre

问
demander

听
écouter

喝
boire

吃
manger

清理
ranger

爱
aimer

做饭
cuire

开车
conduire

飞
voler

航行

faire de la voile

计算

calculer

读

lire

学习

apprendre

工作

travailler

结婚

se marier

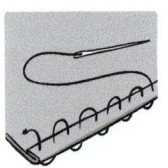

缝

coudre

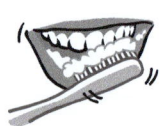

刷牙

brosser les dents

杀

tuer

抽烟

fumer

寄

envoyer

家

famille

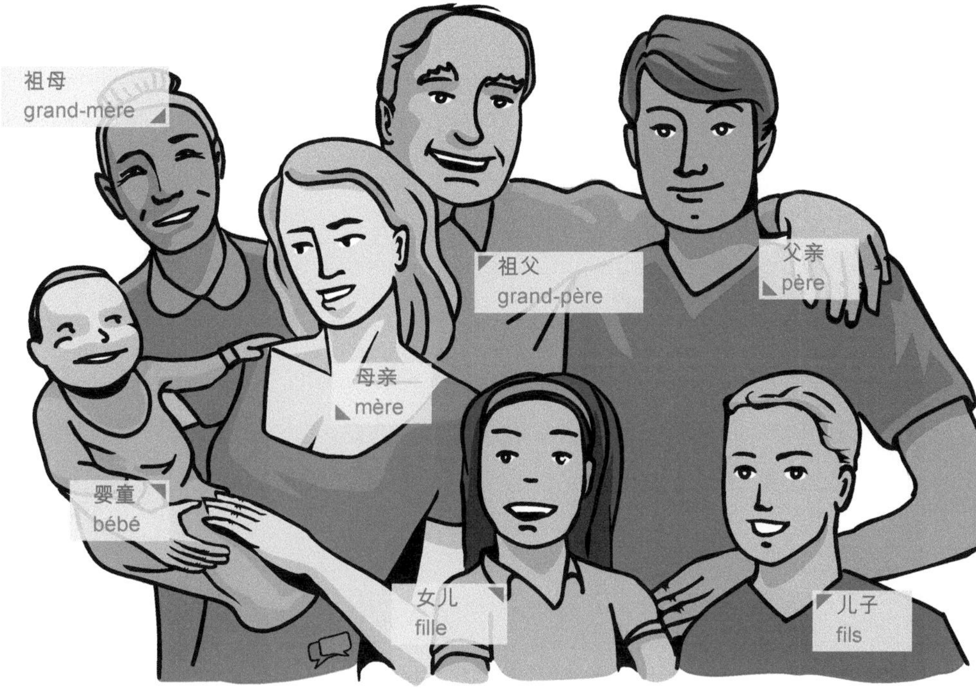
祖母
grand-mère
祖父
grand-père
父亲
père
母亲
mère
婴童
bébé
女儿
fille
儿子
fils

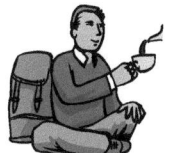

客人

hôte

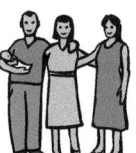

阿姨

tante

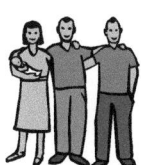

叔叔

oncle

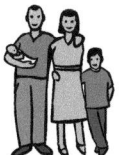

兄弟

frère

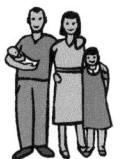

姐妹

sœur

身体

corps

前额
front
眼睛
œil
肩膀
épaule
手指
doigt
脸
visage
下巴
menton
手
main
腿
jambe
乳房
poitrine
手臂
bras

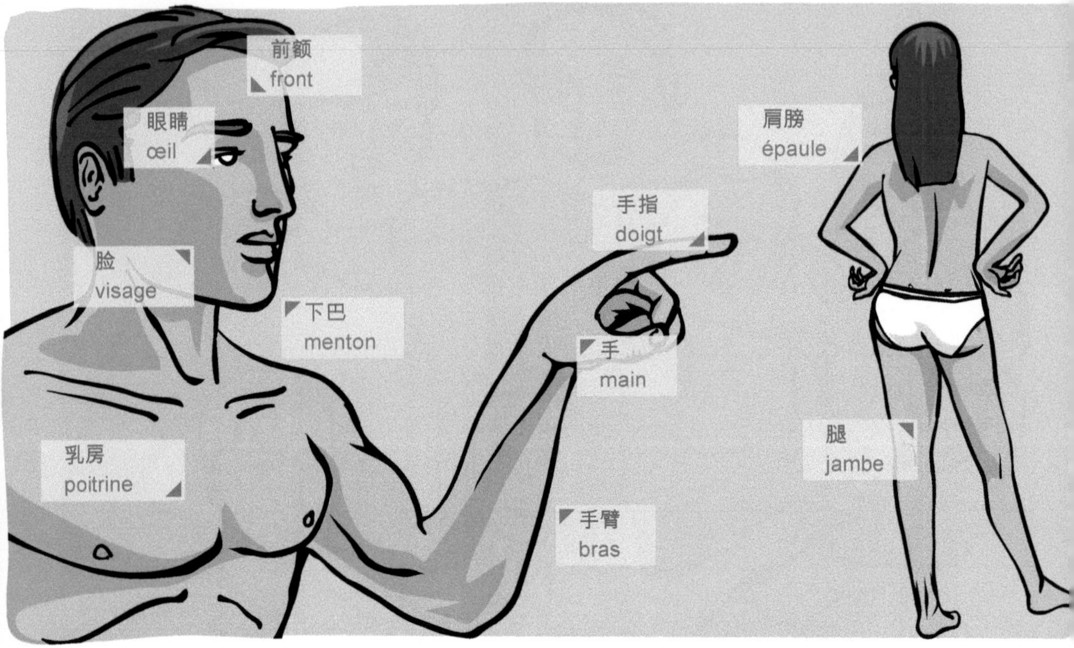

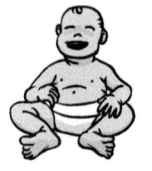

婴童

bébé

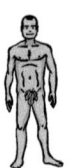

男人

homme

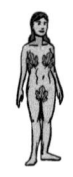

女人

femme

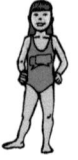

女孩

fille

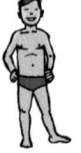

男孩

garçon

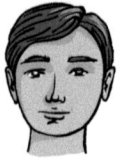

头

tête

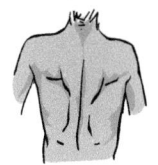

背部

dos

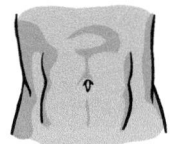

肚子

ventre

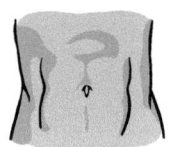

肚脐

nombril

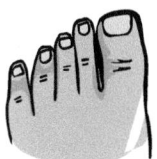

脚趾

orteil

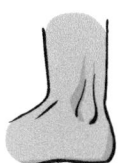

脚后跟

talon

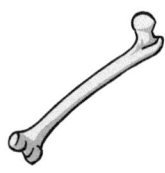

骨头

os

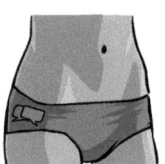

臀部

hanche

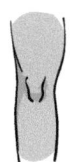

膝盖

genou

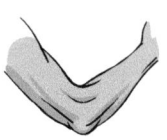

手肘

coude

鼻子

nez

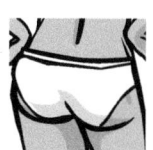

屁股

fesses

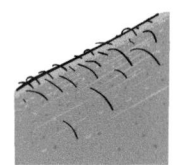

皮肤

peau

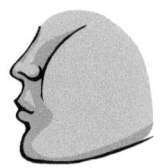

脸颊

joue

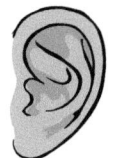

耳朵

oreille

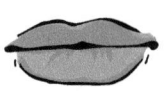

嘴唇

lèvre

身体 - corps

嘴

bouche

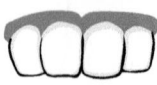

牙齿

dent

舌头

langue

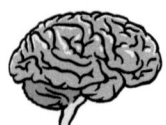

脑

cerveau

心脏

cœur

肌肉

muscle

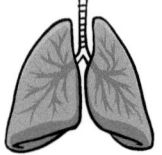

肺

poumons

肝脏

foie

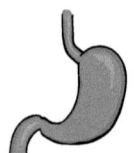

胃

estomac

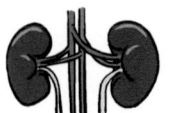

肾脏

reins

性交

rapport sexuel

避孕套

préservatif

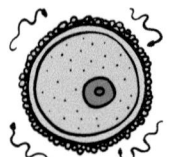

卵子

ovule

精子

sperme

怀孕

grossesse

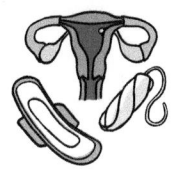

月经

menstruation

阴道

vagin

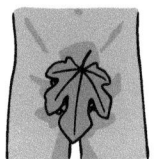

阴茎

pénis

眉毛

sourcil

头发

cheveux

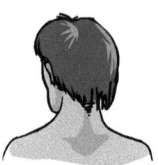

脖子

cou

医院

hôpital

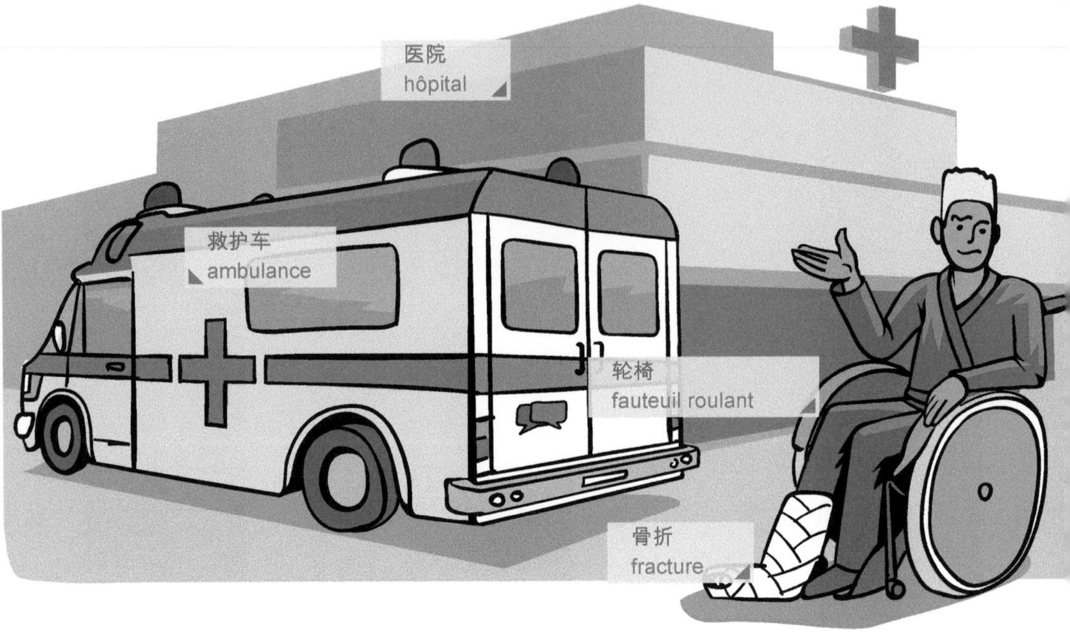

医院
hôpital
救护车
ambulance
轮椅
fauteuil roulant
骨折
fracture

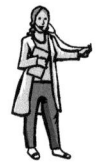

医生

médecin

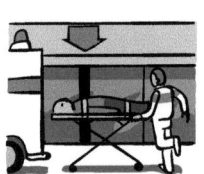

急诊室

service des urgences

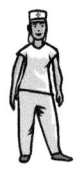

护士

infirmière

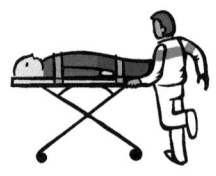

紧急情况

urgence

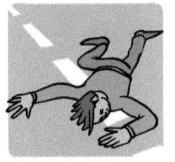

昏迷

inconscient

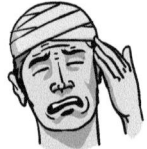

痛

douleur

受伤

blessure

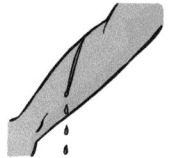

出血

hémorragie

心脏病发作

crise cardiaque

中风

attaque cérébrale

过敏

allergie

咳嗽

toux

发烧

fièvre

流感

grippe

腹泻

diarrhée

头痛

mal de tête

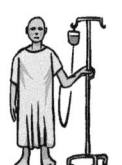

癌症

cancer

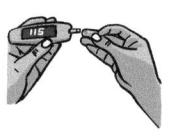

糖尿病

diabète

外科医生

chirurgien

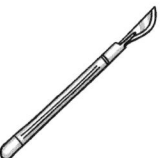

手术刀

scalpel

手术

opération

CT

CT

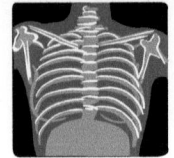

X光

radiographie

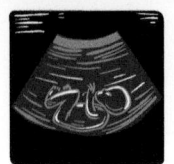

超声波

échographie

口罩

masque

疾病

maladie

候诊室

salle d'attente

拐杖

béquille

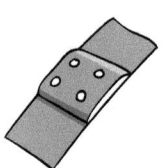

石膏

pansement

绷带

pansement

注射

injection

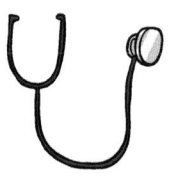

听诊器

stéthoscope

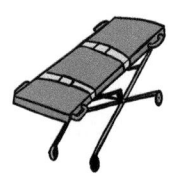

担架

brancard

体温计

thermomètre

出生

accouchement

超重

surcharge pondérale

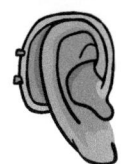

助听器
appareil auditif

消毒液
désinfectant

感染
infection

病毒
virus

艾滋病
VIH / sida

药物
médicament

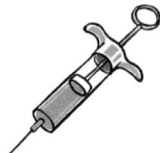

接种疫苗
vaccination

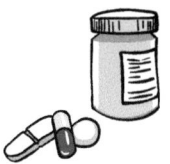

药片
comprimés

药丸
pilule

急救电话
appel d'urgence

血压计
tensiomètre

生病/健康
malade / sain

救命！
Au secours !

警报
alarme

突击
assaut

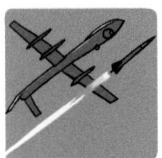

攻击
attaque

危险
danger

紧急出口
sortie de secours

着火啦！
Au feu!

灭火器
extincteur

意外
accident

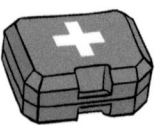

急救箱
trousse de premier secours

呼救信号
SOS

警察
police

欧洲

Europe

北美洲

Amérique du Nord

南美洲

Amérique du Sud

非洲

Afrique

亚洲

Asie

澳洲

Australie

大西洋

Océan atlantique

太平洋

Océan pacifique

印度洋

Océan indien

南冰洋

Océan antarctique

北冰洋

Océan arctique

北极

pôle nord

南极

pôle sud

南极洲

Antarctique

地球

terre

陆地

pays

海

mer

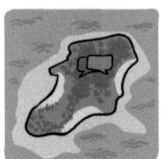

岛

île

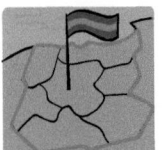

国家

nation

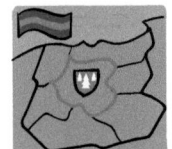

国家

état

钟面

cadran

时针

aiguille des heures

分针

aiguille des minutes

秒针

aiguille des secondes

现在几点？

Quelle heure est-il ?

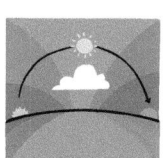

天

jour

时间

temps

现在

maintenant

电子表

montre digitale

分

minute

时

heure

周
semaine

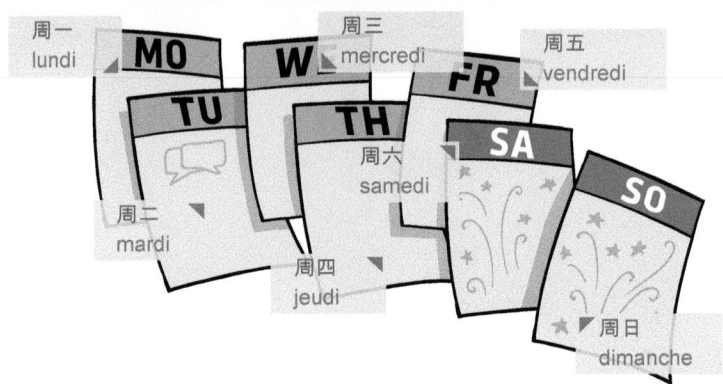

周一 lundi

周二 mardi

周三 mercredi

周四 jeudi

周五 vendredi

周六 samedi

周日 dimanche

昨天

hier

今天

aujourd'hui

明天

demain

早晨

matin

中午

midi

晚上

soir

工作日

jours ouvrables

周末

week-end

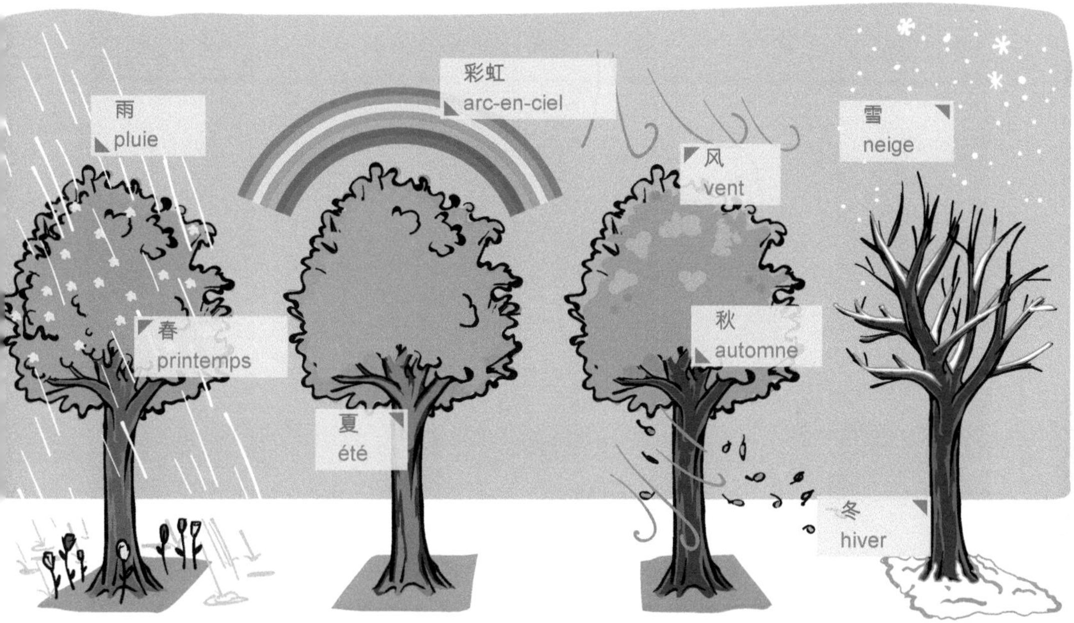

雨
▶ pluie

彩虹
arc-en-ciel

▶ 风
vent

雪
▶ neige

春
printemps

夏
été

秋
automne

冬
hiver

天气预报
météo

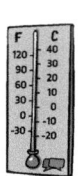

温度计
thermomètre

阳光
lumière du soleil

云
nuage

雾
brouillard

潮湿
humidité

闪电

foudre

打雷

tonnerre

风暴

tempête

冰雹

grêle

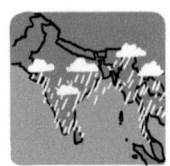

季风

mousson

洪水

inondation

冰

glace

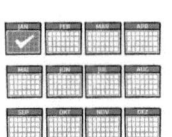

一月

janvier

二月

février

三月

mars

四月

avril

五月

mai

六月

juin

七月

juillet

八月

août

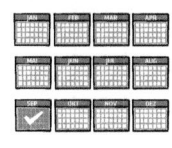

九月

septembre

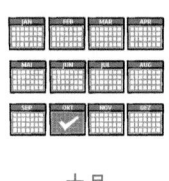

十月

octobre

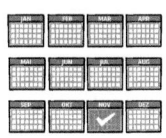

十一月

novembre

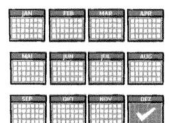

十二月

décembre

形状

formes

圆形

cercle

正方形

carré

长方形

rectangle

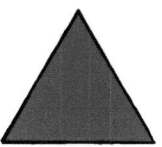

三角形

triangle

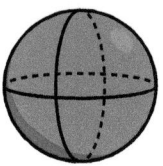

球体

sphère

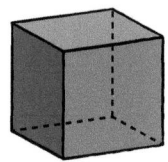

立方体

cube

白

blanc

黄

jaune

橙

orange

粉

rose

红

rouge

紫

violet

蓝

bleu

绿

vert

棕

marron

灰

gris

黑

noir

很多/少许

beaucoup / peu

生气/平静

fâché / calme

美/丑

joli / laid

首/尾

début / fin

大/小

grand / petit

明/暗

clair / obscure

兄弟/姐妹

frère / soeur

干净/肮脏

propre / sale

完整/缺失

complet / incomplet

白天/晚上

jour / nuit

死/生

mort / vivant

宽/窄

large / étroit

可食用/非食用

comestible / incomestible

邪恶/善良

méchant / gentil

兴奋/无聊

excité / ennuyé

胖/瘦

gros / mince

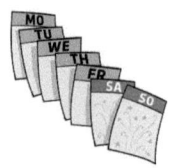

第一/最后

premier / dernier

朋友/敌人

ami / ennemi

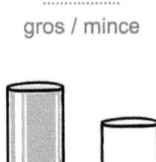

满/空

plein / vide

硬/软

dur / souple

重/轻

lourd / léger

饿/渴

faim / soif

生病/健康

malade / sain

非法/合法

illégal / légal

聪明/愚笨

intelligent / stupide

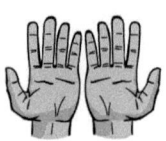

左/右

gauche / droite

近/远

proche / loin

新/旧

nouveau / usé

没有/有些

rien / quelque chose

老/幼

vieux / jeune

开/关

marche / arrêt

打开/合上

ouvert / fermé

安静/吵闹

faible / fort

富/穷

riche / pauvre

对/错

correct / incorrect

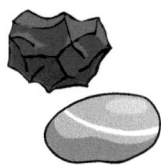

粗糙/光滑

rugueux / lisse

伤心/高兴

triste / heureux

短/长

court / long

慢/快

lent / rapide

湿/干

mouillé / sec

温暖/凉爽

chaud / froid

战争/和平

guerre / paix

反义词 - oppositions

0

零

zéro

1

一

un / une

2

二

deux

3

三

trois

4

四

quatre

5

五

cinq

6

六

six

7

七

sept

8

八

huit

9

九

neuf

10

十

dix

11

十一

onze

12

十二
douze

13

十三
treize

14

十四
quatorze

15

十五
quinze

16

十六
seize

17

十七
dix-sept

18

十八
dix-huit

19

十九
dix-neuf

20

二十
vingt

100

百
cent

1.000

千
mille

1.000.000

百万
million

英语

anglais

美式英语

anglais américain

普通话

chinois mandarin

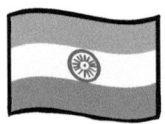

印地语

hindi

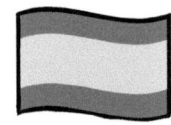

西班牙语

espagnol

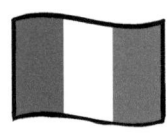

法语

français

阿拉伯语

arabe

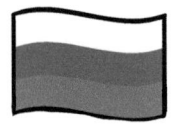

俄语

russe

葡萄牙语

portugais

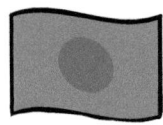

孟加拉语

bengali

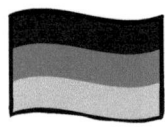

德语

allemand

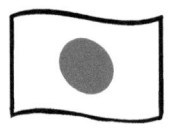

日语

japonais

我

je

你

tu

他/她/它

il / elle / ce, c', cela

我们

nous

你们

vous

他们

ils / elles

谁？

Qui ?

什么？

Quoi ?

怎样？

Comment ?

哪里？

Où ?

什么时候？

Quand ?

名字

nom

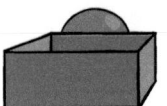

后面

derrière

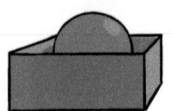

里面

dans

前面

devant

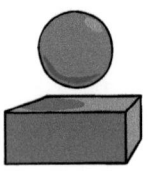

上方

au-dessus

上面

sur

下面

en-dessous

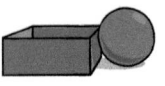

旁边

à côté de

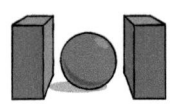

中间

entre

地点

lieu